ילד / CHILD

Amir Or is an Israeli poet, novelist, and essayist whose works have been published in more than fifty languages. He is the author of twelve poetry books, two novels, a book of essays. He was the 2020 SPE Golden Wreath laureate

Seth Michelson is an award-winning poet, translator, and professor. He has published seventeen collections of original poetry, poetry in translation, and an anthology, as well as numerous essays, articles, and book chapters on poetry

ISBN: 978-1-915760-29-6

Cover designed by Aaron Kent

Edited & Typeset by Aaron Kent

Broken Sleep Books Ltd
Rhydwen
Talgarreg
Ceredigion
SA44 4HB

Broken Sleep Books Ltd
Fair View
St Georges Road
Cornwall
PL26 7YH

Recent Books by Amir OR

Al Ha-derekh (On The Road)	(Pardes, 2018)
Sikha (Discourse)	(Ha-kibbutz Ha-meuchad, 2018)
HaMamlakha (The Kingdom)	(Ha-kibbutz Ha-meuchad, 2015)
Knafayim (Wings)	(Ha-kibbutz Ha-meuchad, 2015)

Also by Seth Michelson

Rengo	(Yaugurú, 2022)
The Sun of Always [by Liliana Ancalao]	(Eulalia Books, 2022)
Women of the Big Sky [by Liliana Ancalao]	(Word Works, 2020)
The Ghetto [by Tamara Kamenszain]	(Veliz Books, 2018)

Contents

ילד / **Child**

Amir Or

Translated by:
Seth Michelson

כַּנֶּפֶשׁ

יוֹשֵׁב עַל שְׂפַת הַמַּיִם,
רוֹכֵן עַל שְׂפַת עוֹלָם
הוּא מְבַקֵּשׁ אִבּוֹ
בְּרֶחֶם הַמַּרְאוֹת;
עוֹלָם מֵעַל עוֹלָם, בִּמְצוּלַת שָׁמַיִם
קָנִים רוֹכְנִים הַמָּיְמָה
אֶל מְצוּלַת לִבּוֹ.

וּמְבַקֵּשׁ בַּנֶּפֶשׁ, הוּא מְבַקֵּשׁ בַּדָּם
לָדַעַת פֵּשֶׁר חֲלוֹמוֹ
עַל אֲדָמוֹת –
כִּי כְּבָר נִחֵשׁ בַּנֶּפֶשׁ, וּכְבָר נָשַׁךְ עַד דָּם
אֶת הַבָּשָׂר הַחַי,
בּוֹ יִתְבַּשֵּׂר עַל מוֹת.

עַל כֵּן יִמַּס כַּדָּם, עַל כֵּן יִמְאַס כַּנֶּפֶשׁ,
מֵשְׁלָךְ מֵחֲלוֹמוֹ, כְּמֵת יֻטַּל;
חוֹלֵשׁ כַּדָּם שׁוּב יַעַל, וְילַחֵשׁ כַּנֶּפֶשׁ
אֶת נְהִיַּת לִבּוֹ שֶׁלֹּא תֶּחְדַּל –

מִן הַבָּשָׂר עוֹלָה מִכָּל מִקְדָּשׁ תְּפִלָּה,
מִכָּל טַבּוּר מִתְגַּעְגֵּעַ
יֶלֶד אֶל הָאֵם.
מִן הַבָּשָׂר שׁוֹקֵק, מִכָּל מִקְדָּשׁ וָחֵיק,
כָּל הַשָּׁבוּר
קוֹרֵא אֶל הַשָּׁלֵם.

Like the Soul

Sitting beside the water,
he leans out over the edge of a world
and seeks green
in the womb of a reflection.
In the deep of the sky, a world atop a world,
reeds bend to the water,
to the deep of his heart.

Searching his soul, he strives in his blood
to know on Earth the meaning
of his dream –
he'd already divined it through his soul
and bit bloody the living flesh
that carries tidings of his death.

That's why he flows like blood, loathes like a soul,
thrown from his dream, cast out as if dead;
and willful as blood he rises again, like a soul whispering
the ceaseless yearning of his heart –

In every temple a prayer rises from the flesh,
from every navel
a child longs for mother.
From all flesh, from every temple and breast,
all that's broken
cries out to the whole.

.1

אור שחר

אוֹר שַׁחַר רַךְ פָּקַח עַלְוָה רוֹעֶדֶת.
בַּשֶּׁקֶט הִתְחוֹלֵל נֵס הָעוֹלָם.
פָּעַר קַוִּים, צְבָעִים – וְלֹא נִשְׁלַם;
צְוִיץ צִפֳּרִים בִּשֵּׂר כְּבָר זְמַן לָלֶדֶת
אוֹתִי, אוֹתְךָ, לְתוֹךְ חֲלוֹם יָשָׁן.

חֲרֵשִׁים מִמַּחְשָׁבוֹת, עִוְּרִים מִדַּעַת
בְּלִי לַחֲשֹׁב מִנַּיִן וּלְאָן,
עִם בֹּקֶר קַמְנוּ לְהַלֵּךְ בַּגַּן;
וּמְבַקְשִׁים שׁוּב זֶה בַּזֶּה לָגַעַת,
נָפַלְנוּ – מִנַּפְשֵׁנוּ לָעוֹלָם.

Daybreak

Soft dawn light opened quivering foliage.
In this silence the miracle of the world took place.
It unfolded into lines, colors – never finishing;
already the chirping of birds was announcing it was time
for me, for you, to be born into an old dream.

Deafened by thought, blinded by knowledge,
without thinking about where from or where to,
we rose that morning to walk in the garden,
and longing to touch each other once more,
we fell – from our souls into the world.

כר הדשא השתרע מקצה העולם ועד קצהו. קיסוס כיסה את עמודי האכסדרה. הצללים העמיקו, ורוח נשבה בצמרות הסמיכות.

נשים שכבו שורות־שורות במחלקת ההתאוששות; גברים נכנסו ובידיהם זרי שושנים. העולם התכנס בין אור וצל, מפשיל את מעמקיו, מגלה את מסכותיו מבלי להסירן.

אז, בשעת דמדומים, נבראו קפליה של הבריאה: בתי שחי מבושמים, שושנים, עלוות, אופק. מסכות הערב היו רק מה שהן – פנים שאינן מעמידות פנים, פנים בכל מערומיהן, שאי אפשר להסירן מבלי להסיר את העולם עצמו.

כשנולדתי היה ערב. נשמתי מן האוויר המתוק. העולם נגע בי כמו מים בעור, ולבי היה גדול ממני.

מירכתי בית היולדות עלו ריחות כבדים של תבשילים חפים מתיבול. איני זוכר את ריחה.

היא אהבה ככל שיכלה, אבל גופה רחק ממנה. היא הביטה בי וידעה שחייה תמו. היה לה קר.

מכיוון שלא היניקה, דיברה. מחשבותיה הפכו למחשבותיי, מבטה למבטי. מילותיה היו תמונותיו הבהירות של העולם.

המילים היו חדשות, ובחנתי אותן אחת אחת כאילו היו צבעים או חיות. אחר כך, כאילו יש בכך מרפא, הייתי מביית אותן.

איך הופך המבט לזיכרון? איך הופך המגע לגעגוע? איך היד המושטת לשווא נסגרת ריקה על מילים?

☐

The lawn stretched from one end of the world to the other. Dark ivy covered the pillars of the veranda.

The shadows deepened, and wind blew in the thick tops of trees.

Women lied down in rows in the recovery ward after giving birth; men entered carrying bouquets of roses.

The world gathered between light and darkness, rolling back its depths, revealing its masks without removing them.

Then, at dusk, folds formed in creation: perfumed armpits, roses, foliage, horizons. The evening's masks were only this – faces that don't pretend, stark naked faces that are impossible to remove without taking off the world itself.

When I was born it was evening. I breathed in the sweet air. The world touched me like water on skin, and my heart was bigger than me.

The heavy smells of cooking innocent of seasoning rose from the back of the maternity hospital. I don't remember her smell.

She loved as much as she could, but her body furthered itself from her. She looked at me and knew her life had ended. She was cold.

Since she couldn't nurse me, she talked. Her thoughts became my thoughts, her gaze my gaze. Her words were clear images of the world. The words were new and I examined them one by one as if they were colors or animals. Later on, as if it could heal something, I domesticated them.

How does a gaze turn into memory? How does touch turn into yearning? How does the hand, outstretched in vain, close empty on words?

איפה אתה

אֵיפֹה אַתָּה, כְּלוֹמַר אַיֶּכָּה?
אֵיפֹה עֵינֶיךָ שֶׁרָאוּ
יוֹם יוֹם עוֹלָם חָדָשׁ?
אֵיפֹה הַשְּׁבִיל שֶׁבּוֹ הָלַכְתָּ,
נִלְחָם בְּלִי חַת, מַקֵּל בַּיָּד,
בְּבַרְקָנִים סְגֻלֵּי תִּפְרַחַת?
אֵיפֹה חִבּוּק אִמְּךָ מֵאָז,
חֵיקָהּ הַחַם, הָרֵיחָנִי,
שֶׁל הַתֵּבֵל?
מִי בָּעַצְמִי הַזֶּה
אוֹתְךָ הֶחֱלִיף? מָתַי
לָקְחוּ אוֹתְךָ מִכָּאן לִגְלוֹת
בְּתוֹךְ לִבִּי הַמִּסְתַּתֵּר?
עַד אָנָה, יֶלֶד? בּוֹא,
חֲזֹר אֵלַי, חָבֵר.

Where Are You

Where are you? Where art thou?
Where are the eyes that saw
a new world each day?
Where is the path you walked
stick in hand, fearlessly fighting
purple clusters of flowering thistle?
Where's your mother's embrace from those days,
the warm, fragrant breast
of the world?
With whom did I swap you
for this? When
did they take you from here into exile
inside my hiding heart?
Until when child?
Friend, come back to me.

קָמֶרָה אוֹבְּסְקוּרָה

חֹשֶׁךְ לֹא מַבְדִּיל בֵּין דְּבָרִים,
לֹא מַכִּיר אֶת פָּנָיו שֶׁל הַיֶּלֶד;
רַק אֶת קוֹלוֹ הַתּוֹעֶה בֵּין הַהֵדִים
אֶת רֵיחוֹ הֶחָמוּץ מִפַּחַד
אֶת תְּשׁוּקָתוֹ
לִקְרֹעַ אֶת דְּמוּתוֹ מִן הַחֹשֶׁךְ
לִקְרֹעַ לוֹ צֵל
מִן הַצְּלָלִים.
חֹשֶׁךְ, רֶחֶם בְּלִי דְּפָנוֹת
רַק עַצְמוֹ בְּתוֹכוֹ.
בַּחֶדֶר הַנָּעוּל הָאָפֵל
יֶלֶד לוֹמֵד לְהַקְשִׁיב, לָגַעַת, לִהְיוֹת
דֹּפֶק וְעוֹר.

Camera Obscura

Darkness doesn't distinguish between things,
doesn't recognize you
except by your voice, wandering among the echoes;
by the sour smell of your fear,
by your desire
to rip your image out of the darkness,
to rip a shadow for yourself
    from the shadows.
Darkness is a womb without walls –
there's only myself inside myself.
In the locked, dark room a child learns
to listen, touch, be
pulse and skin.

Camera Obscura: literally "dark room." A darkened enclosure
having an aperture through which light from external objects
enters to form their image on the opposite surface

ברחוב

בָּרְחוֹב הַכֹּל בֵּרְכוּהוּ שָׁלוֹם.
בִּפְסִיעוֹתָיו הַקְּטַנּוֹת פָּסַע הָאֹשֶׁר
מִן הַחֶנְוָנִי לַתּוֹפֶרֶת,
מִן הַתּוֹפֶרֶת לְעוֹבֵד הַמִּכְבָּסָה;
הַדֶּרֶךְ הַבַּיְתָה הָיְתָה רְצוּפַת מַמְתַּקִּים
וְהוּא, הָאָהוּב, תְּחָבָם לְכִיסָיו
כִּי אִמָּא לֹא מַרְשָׁה לִפְנֵי הָאֲרוּחָה –
וְהֵאִיר לָהֶם אֶת חִיּוּכוֹ.
הָעוֹלָם הָיָה עָשׂוּי אַהֲבָה;
הָאוֹר הֵאִיר אֶת הַחֹשֶׁךְ,
וְהַחֹשֶׁךְ לֹא יְדָעוֹ.

In The Street

In the street everyone said hello to him.
Happiness walked in his small steps,
from the grocer to the seamstress,
from the seamstress to the laundress,
the road home was paved with sweets
and they lit up his smile
as he, the beloved, stuffed them into his pockets --
since mom didn't allow them before lunch.
The world was made of love;
the light lit up the darkness,
and the darkness knew him not.

□

פעם, כשהשמים עוד היו תכלת ומטוס היה אווירון, היה יוצא בדרך לבית הספר למשימות סודיות על רכסי הזאד שהשתרעו על הגבעה שמאחורי בית הוועד הפועל, ולפעמים עד אל בין הליפטים של סוּמֶיל. דרוך וקל, היה יער־עד שפריצי אדם וחיה הסתתרו בו.
ילקוטו על גבו וחרבו בידו, היה מפלס לו דרך בין כנופיות האויב שארבו שם, מכה בהם על ימין ושמאל, ועורף עשרות תפרחות ברקנים סגולות, ונפצע במדקרות קוציהם, שכן גם הם לא היו מוגי לב כלל וכלל, אלא השיבו מלחמה שערה, למרות שלא היה להם שום סיכוי לעמוד בפני גבורתו ועוצם זרועו. בסבך היער היה משוטט בלי קול, מתחקה על עקבות, ומטיל שוב ושוב את כידונו באריות ובטיגריסים ששרצו שם לאין מספר, והיו פראיים ומרושעים ורגילים בבשר אדם לא פחות מן המכשפות על ארון הבגדים שהפריד בין חדר השינה שלו ושל הוריו.
ולאחר שניצל בעור שיניו ואף צידו צלח בידו, היה מניח בסתר העצים את שללו – קרפדה, צב תועה, או כמה חרגולים שנצררו היטב בשקית פלסטיק מחוררת – ומשתרע בין עצי התפוז, עטוף בעשב הגבוה, ובוהה שעה ארוכה ונטולת דאגה בזהרורי האור המרצדים.

□

Once upon a time, when the sky was still the blue and a jet was an airplane, he set out for school on secret missions over the Zaad mountain range that stretched all the way to the massive crates stored in the deserted village of Sumeil. Light and alert, he passed through the abandoned orchard overgrown with wild grass as tall as a man, which was actually a jungle in which wild beasts and men were hiding.

His schoolbag on his back and sword in hand, he blazed a trail among the enemy gangs that lurked there, dispatching them right and left, beheading dozens of thistles that had flowered purple, and getting injured by the pricks of their thorns, for they weren't cowards either, but fought back even though they had no chance against his courage and the might of his arm. Soundlessly he roamed the thick woods, following traces, and repeatedly hurling his javelin at the innumerable lions and tigers that infested it and that were savage and evil and no less used to human flesh than the witches on top of the wardrobe that separated his bedroom from his parents'.

And having scarcely survived, clutching his prize in his hand – a toad, a stray turtle, or a few grasshoppers well packed in a perforated plastic bag – he stretched out among the orange trees, wrapped in the high grass, and gazed up for a long and untroubled hour at the bright flickering specks of dust.

2.

אידיליה

רִכְסֵי עֲנָנִים נִשָּׂאִים רוֹחֲפִים עַל הַמַּיִם
גַּלִּים עֲטוּרֵי רַעְמָה דּוֹהֲרִים אֶל הַחוֹף.
הָאֹפֶק נָמוֹג, רָחוֹק יוֹתֵר מֵאֵי־פַּעַם,
כִּפַּת הַשָּׁמַיִם סָבִיב, מְמֻתַּחַת הֵיטֵב.
הַנַּחַל הוֹלֵךְ אֶל הַיָּם, וְהַיָּם לֹא מְלָאֵהוּ;
מְלַטֵּף סוּף־גָּדוֹת וְרִשְׁרוּשׁ אֵיקָלִיפְּטוּס,
עוֹבֵר וְאִתּוֹ פָּמַלְיַת צִפֳּרִים שֶׁל מַיִם.
הַנָּמֵל הַיָּשָׁן שֶׁחֻדַּשׁ לְאָפְנַת הַתְּקוּפָה –
בְּרֵכַת שַׁעֲשׁוּעַ, סְבִיבָהּ מִסְעָדוֹת וּמִשְׁתֶּה.
בְּצַד סֻכַּת הַמַּצִּיל כֵּרַת אֲבַטִּיחַ;
זֶה עַל זֶה נְעָרִים מַתִּיזִים מֵי אָפְסַיִם,
מִתְאַמְּנִים בְּחוֹל בִּבְנִיַּת אַרְמוֹנוֹת שֶׁל חֲלוֹם.
בְּשַׁבָּת בְּחוֹף 'מְצִיצִים' הָיָה עִם הוֹרָיו כָּל הַבֹּקֶר,
עַכְשָׁו בְּ'גְלִידָה מוֹנְטָנָה' יְקַנְּחוּ אֶת הַיּוֹם.

Idyll

High crests of clouds hover above the water,
wild-maned waves gallop towards the shore.
The horizon fades away, farther than ever,
and the domed sky extends in every direction.
The river pours into the sea that can never be sated;
caressed by shoreline reeds and eucalyptus whispers,
the river passes with its entourage of water birds.
The old harbor, renovated to suit today's taste,
is ringed decoratively with restaurants and bars.
By the lifeguard station, a feast of watermelon,
boys splashing one another in shallow water,
practicing how to build dreamed palaces from sand.
On Sabbath, he spends the morning with his parents at Peepers' Beach,
and to close the day they'll have dessert at Montana Ice Cream.

□

לעתים נדמה לי שאיני זוכר דבר מילדותי, מלבד הסיפורים שהיא עצמה חזרה וסיפרה לי. הסיפורים האלה, קרנו באושר בהיה, אבל היו מעוררים בי תמיד זעם מעורפל. היא סיפרה אותם וסיפרה, עד שהם הפכו לזיכרונות.

אני מנסה לאחוז בזיכרונות האחרים, האילמים, אבל הם חומקים מבין אצבעותיי כמו קצות חוטים בלי חוטים, סתומים והרי משמעות. בזהירות, שלא להבריחם, אני עדיין מגשש אחריהם: קן של צוצלות על אדן החלון, מצנפת גמד אדומה, צלילי מפוחית, ריחו של ספה, צריבת סרפד.

ממנה למדתי, שאת החיים אפשר לספר: לברוא בזיכרון – ולהיזכר.

האם כל זה באמת קרה?

גם אם לא קרה, בוודאי משל היה. ובמה אשתעשע אם לא בלגו של האני? באיזה משחק אשחק, אם לא בבניית החרדה של להיות מישהו? הבו לי את השקרים האמתיים של הזיכרון, ולו רק על מנת שהתפוגגותם תעניק לי שוב את העונג שבחופש ממני.

□

Sometimes it seems I remember nothing from my childhood, except the stories she repeatedly told me. Those stories shone in bright happiness, though they always roused in me a vague anger. Time and again she told them to me, until they became my memories.

I try to catch hold of other memories, the mute ones, but they slip through my fingers like thread that isn't there, incomprehensible and full of meaning. Careful not to scare them off, I grope for them: a pigeon's nest on a windowsill, a red dwarf's cap, a harmonica's song, a book's smell, a nettle's sting.

From her I learned that life can be told like a story: created by memory and recalled.

Did all this actually happen?

Even if it didn't, it must be allegory. And what shall I play with if not the Lego of the self? What game but the building of the anxiety of being someone? Give me the truthful lies of memory, even if only so that their fading away will grant me once more the pleasure of being free from myself.

עֲקֵדָה

תִּגְמֹר הַכֹּל מֵהַצַּלַּחַת, אָמַה.
אַתָּה לֹא מֲכְרָח, אָמְרָה.
תִּגְמֹר!
אַתָּה לֹא...!
קוֹלוֹתֵיהֶם נִתְּכוּ
עָלָיו וְזֶה עַל זֶה, זוֹעֲקִים –
וַעֲדַיִן לֹא שָׁעָה
אֱלֹהֵי נִשּׂוּאֵיהֶם
אֶל מִנְחַת הַמָּרָק
שֶׁעַל מִזְבַּח הַפּוֹרְמַיְקָה,
וְלֹא אֶל הַיֶּלֶד בַּסְּבַךְ.

Binding Sacrifice

Finish your plate, he said.
You don't have to, said she.
Finish up!
You don't...!
Their voices, blaring, rained
down on him and each other –
but the god of their marriage
didn't look with favor
upon the offering of soup
on the Formica altar,
nor upon the child caught in the thicket.

וכולם שמעו

כְּשֶׁהַמּוֹרָה אֶרְאֵלָה שָׁאֲלָה אֶת דָּלֶ"ת 2,
הוּא עָנָה בְּלִי לְהַצְבִּיעַ, בְּלִי רְשׁוּת.
הוּא עָנָה, וְהִיא
שָׁלְחָה אוֹתוֹ יוֹם אַחַר יוֹם
לָשֶׁבֶת בְּכִתָּה אָלֶ"ף.
כְּשֶׁחָדַל לְהָכִין שִׁעוּרִים, אָמְרָה
שֶׁיֵּשׁ בְּעָיָה, וְשָׁלְחוּ אוֹתוֹ לַפְּסִיכוֹלוֹגִית
אֲבָל כְּלוּם לֹא עָזַר.
אִילָנָה! אִילָנָה! צָעֲקָה אִמּוֹ מֵעַל הַמִּרְפֶּסֶת
אֶל בַּת הַשְּׁכֵנִים שֶׁלָּמְדָה אִתּוֹ בַּכִּתָּה,
מַה הָיוּ הַשִּׁעוּרִים הַיּוֹם?

And Everyone Heard

When his fourth-grade teacher asked,
he'd answer, but without raising his hand.
So day after day,
she'd send him away
to sit in first grade.
When he stopped doing his homework, she said
There's a problem, and they sent him to a shrink,
but nothing helped.
Illana! Illana! his mom shouted from the balcony
to the neighbors' daughter, his classmate,
What was for homework today?

צְלוּב

לֹא, הוּא אֵינוֹ מִצְטָרֵף
לַטִּיּוּל בַּמְּעָרוֹת, לַסָּחְנֶה, לַיָּם.
נִשְׁאָר בַּבַּיִת, מַפְסִיד עוֹלָם,
מוֹצִיא לְעַצְמוֹ עַיִן, וּמַבִּיט בְּשָׁנְיָה
לִרְאוֹת
הֲקַלּוּ הַמַּיִם.

לֹא קַלּוּ. הֵם
אֵינָם מְבִינִים עֲדַיִן;
אוֹהֵב־שׂוֹנֵא אוֹתָם
הוּא צוֹלֵב אֶת לִבּוֹ,
וְאִם תִּשְׁאֲלוּ לָמָּה לוֹ –

בְּפִיו אֵין תְּשׁוּבָה,
אַךְ בְּיָדָיו הַמַּסְמְרִים,
בְּבִטְנוֹ, בִּגְרוֹנוֹ, בְּחָזֵהוּ.

Crucified

No, he doesn't join
the trip to the caves, the Tiberias hot springs, or the seashore.
He stays home, losing a world,
pulls out his own eye, and looks with the other
to see
if the Flood has receded.

No, it hasn't relented. They
still haven't understood;
loving-hating them,
he crucifies his heart,
and should you ask why –

his mouth holds no answer,
but the nails in his hands,
in his stomach, throat, chest.

סדקים נפערו בקירות הבית

בְּרֹאשׁ טוּרֵי בָּבוּאוֹת, בֵּין שְׁתֵּי הַמַּרְאוֹת
הַקְּבוּעוֹת עַל דַּלְתוֹת אֲרוֹן הַבְּגָדִים
עָמְדוּ זֶה מוּל זֶה, הַבֵּן וְאָבִיו
כִּשְׁנֵי צְבָאוֹת עֲרוּכִים לַקְּרָב.
אֲנִי חָזָק מִמְּךָ, אַבָּא, אָמַר,
אִם תָּרִים עָלַי יָד, אַכֶּה אוֹתְךָ –
וְהָעוֹלָם קָפָא.
רַק שׁוּרַת אָבוֹת אֲרֻכָּה
רָעֲדָה בִּרְאִי הָרֶגַע.

Cracks Opened in the Walls of the Home

In the line of reflected heads between two mirrors
set on the wardrobe's doors,
they stood opposite each other, father and son,
like two armies arranged for battle.
He said, *I'm stronger than you, Dad.*
If you raise a hand to me, you're dead –
and the world froze,
but for a long line of fathers
trembling in the mirror of that instant.

אמא

רָדְפָה אַחֲרָיו
לְסַבֵּן אֶת פִּיו
מֵהַמִּלִּים הַגַּסּוֹת שֶׁפָּרְחוּ
מִשְּׂפָתָיו אֶל חֲלַל הַבַּיִת.
חָמַק מִמֶּנָּה וְהִכְּתָה בּוֹ,
בָּרַח לְחַדְרוֹ,
וְהִיא אַחֲרָיו, נֶעֱצֶרֶת בַּדֶּלֶת
שֶׁטָּרַק בְּפָנֶיהָ
לְצְלִיל הַזְּכוּכִית הַנִּשְׁבֶּרֶת,
מַבִּיט בָּהּ שׁוֹתֶתֶת, עֵינָיו
נוֹצְצוֹת בֶּהָלָה וְנִצָּחוֹן.

Mom

chased after him
to wash out his mouth with soap
to wipe away the swearwords that had flown
from his lips into the space of their home.
He slipped away, she hit him.
He ran to his room
and she followed, stopped by the door
he slammed in her face
to the sound of its glass shattering.
Watching her bleed, his eyes
sparkled with triumph and terror.

לֹא הוּרַק

לֹא הוּרַק, לֹא יוּרַק
כִּיס הַכְּאֵב הַכָּחֹל,
מַטְבְּעוֹת קָשׁוֹת
אֲצוּרוֹת לָכֶם
לְשֵׁי רוּחִי לַתֹּהוּ.

אֵיךְ הִשְׁפַּלְתֶּם שָׁמַי
עַד כִּי הֲרֵמוֹתִי יָדַי לְשֵׂאתָם,
אֵיךְ סְכַכְתֶּם עֵינַי מִן הָאוֹר
עַד כִּי הָלַכְתִּי לְבַקֵּשׁ מְנוֹרוֹת,
אֵיךְ רְמַסְתֶּם אֶת שְׁתִילֵי הַחוֹלְמִים
עַד כִּסִּיתִים גַּם מִגֶּשֶׁם וְשֶׁמֶשׁ.

לֹא עוֹד הִתְעַנַּגְתִּי עַל פְּרִיחַת הָאָדָם
כְּיֶלֶד בַּבֹּקֶר־בַּבֹּקֶר.
סוֹמֵר לָעַד בְּשַׂר לִבִּי
אֶת זִכְרוֹן פְּנֵיכֶם הַחֲרֵשִׁים אֶל הַצְּלִיל
הַנּוֹקֵר, הַחוֹתֵךְ, הַקּוֹרֵעַ.

נִבְהָל וְנוֹדֵד,
נוֹטֵר אֹהָלִים וְשַׁלֶּכֶת,
גַּם כִּי אֵשֵׁב בְּבַיִת אַל חֹם סִיר וְדֶלֶת
יִפְּלוּ עָלַי כְּתָלָיו בְּעוֹדָם נִצָּבִים,
יִכְבַּד מַנְעוּלוֹ בִּגְרוֹנִי.

מִסַּדֵּיכֶם הֵגַחְתִּי עוֹטֶה סַדֵּיכֶם
נֻקְשֶׁה אֵיבָרִים בִּכְפוֹר פַּחַד־זַעַם
בְּאֵינְסְפוֹר אַשְׁמוּרוֹת יָרֵא וְכָמֵהַּ
מִמְּתִין וְדָרוּךְ עַל עוֹלָמִי הַנּוֹתָר.

(מתוך "כיס הכאב הכחול" 1980)

Not Emptied

The blue pocket of pain
hasn't been emptied, will not be emptied,
of hard coins
treasured for you,
who kneaded my spirit into formlessness.

How you lowered my sky
till I raised my hands to carry it,
how you screened my eyes from light
till I went in search of lamps,
how you trampled the seedlings of my dreams
till I covered them even from sun and rain.

No longer did I take pleasure in the flowering of man
like a child in the dawn of day.
Forever the flesh of my heart is riven
by the memory of your faces, deaf
to the piercing, tearing sound.

Frightened, wandering,
guarding my tent and fallen leaves
even if I sit at home, by the warmth of pots and doors,
its walls implode on me where they stand,
and its lock is heavy in my throat.

I emerged from your pillories wearing them,
my limbs frost-stiffened by anger and fear,
full of dread and desire every hour all night,
guarding the remains of my world.

(1980)

3.

נגוּע

מַלְאָךְ שֶׁנָּפַל תָּמִיד זוֹכֵר –
הַגֹּבַהּ הוּא הָעֹמֶק,
הַכְּנָפַיִם – הַפַּחַד;
עֵירֹם וְעֶרְיָה בְּשַׁלֶּכֶת לִבּוֹ
הוּא נוֹשֵׁר וְנוֹשֵׁר.
מַלְאָךְ שֶׁנָּפַל
מֵאַהֲבָה אֶל תִּקְוָה
לְשָׁוְא יַחְבֹּט כַּנְפֵי רְפָאִים;
רָעֵב וְצָמֵא, יָדָיו פְּרוּשׂוֹת
אַל נַפְשׁוֹ לִנְדָבָה.
אֵיךְ יִשְׁכַּח, אֵיךְ יִשְׂמַח,
מַלְאָךְ שֶׁנָּפַל,
בְּחֶלְקוֹ שֶׁיָּדַע
שְׁמֵי כּוֹכָבִים?

Stricken

A fallen angel always remembers
height is depth,
        the wings – the fear;
how his heart exfoliated leaf by leaf
till left stark naked.
An angel that fell
from love to hope
flaps it ghost wings in vain;
parched and starved, his hands stretched out
to his soul for charity.
How could he forget, how could he be happy
a fallen angel
with his lot
that once was starry sky?

יֶלֶד

יֶלֶד בֶּן תֵּשַׁע שֶׁעָזַבְתִּי לְבַד
בַּחֲצַר בֵּית הַסֵּפֶר
יוֹשֵׁב עַל הָאָרֶץ, מַבִּיט בִּנְמָלִים.
יֶלֶד שֶׁלֹּא יִבָּגֵד עוֹד אַף פַּעַם,
לֹא יַכְנִיס עוֹד אֶת אִמּוֹ אֶל לִבּוֹ
פְּנִימָה,
לֹא יַכְנִיס עוֹד אִישׁ,
יִתְגַּעְגֵּעַ.

Child

A nine-year-old that I left alone
on the ground, watching ants
in the school courtyard.
A child who'll never again be betrayed,
never let his mother inside
his heart,
never let in any one,
and who will yearn.

מִדְבָּר

אֶת הַגֶּבֶר שֶׁהִכָּה אוֹתוֹ
אֶת הָאִשָּׁה שֶׁבָּגְדָה בּוֹ
הִשְׁאִיר לָרִיב מֵאָחוֹר.
אֶת סְגוֹר לִבּוֹ סָגַר מִכָּל פֶּגַע,
כָּל רֹךְ, כָּל מַה שֶּׁ
אֶפְשָׁר לִכְאֹב;
יָצָא דָּרוּךְ
אֶל מִדְבַּר הָעוֹלָם.

אַתָּה יֶלֶד טוֹב, אֲנִי אוֹמֵר לוֹ,
אַתָּה יֶלֶד טוֹב.

Desert

He left them behind to bicker with each other –
the man who beat him
and the woman who betrayed him.
He cloaked his heart to shield it
from injury, tenderness,
from anything that could hurt;
he set out, vigilant,
into the desert of the world.

Such a good boy, I tell him,
so good.

הִנֵּנִי

מִבֵּין קִבְרוֹת הַמֵּתִים הַשְּׂבֵעִים
נִמְצֵאתִי, הוּצֵאתִי, נֶחֱצֵיתִי
בְּמַאֲכֶלֶת אֱמֶת – מִזֶּה הַחַי
וּמִזֶּה הַמֵּת.
הִנֵּנִי.
חָזַרְתִּי מִן הַסְּתָם, הֵסַרְתִּי
אֶת שִׁרְיוֹן הַצָּב מֵעָלַי,
וְעוֹרִי עוֹר אָדָם, עוֹר יֶלֶד קָטָן
בֶּן חָמֵשׁ אוֹ שֵׁשׁ, טֶרֶם נָדַם.

Here I Am

Among the graves of the glutted dead
I was found, extracted, halved
by a butcher knife of truth – on this side the living
and that the dead.
Here I am.
I returned from dormancy, removed
my turtle shell,
and found my skin human, a child's,
five-or-six-years-old, not yet silenced.

□

בדרך כלל, כשאני מדבר עם אנשים, מילים מכסות אותנו בחזיון של תעתוע שפוטר אותנו זה מזה. אבל מילים שבפנים, שמאז, אינן מכסות ואינן חולפות, אלא קבועות כשמשות צימאון מעל חולות הדיבור הנודדים.

מילים של קירבה, שנגעו כמו יד או שפתיים, עודן לוחשות שבועות נצח בחולפן על פניך. מילים של אהבה ופחד עודן טבועות כמכוות סימון בעיניים המבקשותאותן לשווא. מעט מילים כאלה רק מעממות את בעירת הלב למידה נסבלת, אבל כשאתה משנן אותן שנים כלחש מגן, הן מותירות אחריהן רק שכחה, רמייה וגעגוע.

עודן כאן, שיחות של תוך ראשי, שמתנהלות מעבר לי, בפורגטוריום שבין העולם והמילים.

של מי כל הקולות האלה?

לְגיון הוא שמנו, אדון. שֵׁדֵי משפחה ושֵׁדֵי שבט, שֵׁדֵי תורה ולקח, דיבוקים ודיבוקי דיבוקים, נוגשׂים ונוגשׂי נוגשים, בבושקות אינסופיות של מילים, דורות של טורפים ונטרפים שלא ניתן עוד להפריד ביניהם.

שנים אחר כך עדיין הקיפה אותי במילים, אבל כוחן הלך ונקלש. הייתי מלא עד אפס מקום במילים ההן, הישנות, שהפכו למילותי שלי; גם מבלי להבין כבר ידעתי, שהמילים האלה הן שעמדו ביני ובין העולם.

Typically, when I talk with people, words cover us with a mirage-like vision that rids us of each other. But the words inside, from way back then, don't cover or pass. They remain fixed like suns of thirst above the shifting sand dunes of speech.

Intimate words that touched like a hand or lips still whisper their eternal oaths while passing you. Words of love and fear are still imprinted like cattle brands on eyes that seek them in vain. A few such words can make the burning of the heart tolerable, but when you repeat them for years as protective spell, they sew only forgetfulness, deceit, and longing.

They're still here, the conversations inside my head that carry on beyond me, caught in the purgatory between the world and words.

To whom do all these voices belong?

Legion is our name. Demons of family, demons of doctrine and morality, possessions and possessions of possessions, oppressors and oppressors of oppressors, infinite babushkas of words, generations of predators and prey that have become one and the same.

Years later she still surrounded me with words, but their force had weakened. I was brimming with those other words, the old ones, that had become my own; without understanding I already knew that these words stood between me and the world.

אתה פוסע

אַתָּה פּוֹסֵעַ, כִּמְדֻמֶּה לְבַד,
אַךְ אִם תָּסֵב אֲחוֹרָה אֶת רֹאשְׁךָ
קְהַל מְלַוִּים עִקֵּשׁ עוֹדוֹ נִבָּט
אֵלֶיךָ מִשּׁוּלֵי הַחֲשֵׁכָה.
שָׁם אִמָּא עוֹד תִּגְעַר וּתְלַטֵּף
וְאַבָּא שׁוּב מַזְהִיר, פְּסוּקוֹ פּוֹסֵק
מוֹרֶה מַתְרֶה, בְּאֶצְבַּע מְנוֹפֵף
וְהַמְנַהֵל עַל שֻׁלְחָנוֹ דּוֹפֵק.
נוּרִית שֶׁאָז אָכְלָה אֶת הַתַּפּוּחַ,
אִשָּׁה שֶׁצֵּל דְּמוּתָהּ אֵינוֹ מַרְפֶּה –
מֵאָה קוֹלוֹת שָׁם מִתְאַוְשְׁשִׁים בָּרוּחַ
פּוֹקְדִים עָלֶיךָ בְּקוֹלְךָ – וְאֵין מַרְפֵּא.
זַהֵה אוֹתָם בִּשְׁמָם אֶחָד אֶחָד,
וְהִפָּרֵד, הַמְשֵׁךְ אֶחָד, לְבַד.

You're Walking

You're walking, seemingly alone,
though over your shoulder
a stubborn crowd follows,
watching you from the edges of the dark.
There Mom still scolds and caresses,
Dad is warning with a moral,
a teacher wags his forefinger,
the principal bangs a fist on his desk.
Nourit, who ate your apple, the image
of a woman whose shadow won't release you—
a hundred voices whispering in the wind,
commanding you in your own voice, inescapable.
Identify them by name, one by one,
and say goodbye, carry on, singular, independent.

The story of Nourit, often recounted in a well-known nursery rhyme for children, tells of a little boy seeking Nourit'sr affection. On a playground he gives her a flower and an apple. She accepts them, promptly throws away the flower, eats the apple, and goes to play with someone else.

הגירוש

מִי הוּא הַמְדַבֵּר מִתּוֹכוֹ?
מִי הוּא הַנִּזְקָק, הַנִּרְגָּן הַמְצַוֶּה,
מִי קְצַר־הָרוּחַ הַזֶּה?
עַל קְצֵה חַיָּיו עָמַד, נָשָׂא קוֹלוֹ:
אַבָּא צֵא!
אַךְ הַדִּבּוּק – דִּבּוּק, דָּבֵק בְּשֶׁלּוֹ;
לְאָן יֵלֵךְ? כָּאן בֵּיתוֹ.

Exorcism

Who's speaking from inside him?
Who's the needy one, fractious, commanding,
Who so impatient?
He stood on the edge of his life, raising his voice:
Get out, Dad!
But the spirit – clings to him, clasps his claim;
and where would he go? This is his home.

רדוף

עַל בְּשָׂרְךָ לָמַדְתָּ מֵהֵם אֵיךְ לִשְׁלֹט
בְּעַצְמְךָ, אֲהוּבֶיךָ, אוֹיְבֶיךָ – כֻּלָּם.
עַל מִשְׁמַר עוֹלָמְךָ רַק נִסִּיתָ לִשְׂרֹד:
כְּבָר שָׁנִים הֵם שׁוֹכְנִים בְּלִבְּךָ כְּרוּחוֹת
שֶׁל כְּאֵב וְשֶׁל פַּחַד – כֹּחֲךָ בְּכֹחָם.

וְעַכְשָׁו זֶה אַתָּה שֶׁגּוֹעֵר וּמְלַטֵּף,
מְפַתֶּה, מְכַזֵּב, וּמֵטִיחַ אַשְׁמָה?
שֶׁדּוֹפֵק עַל שֻׁלְחָן, בְּאֶצְבַּע מְנוֹפֵף,
מַתְרֶה וּפוֹסֵק אֶת פְּסוּקְךָ הַזּוֹעֵף?
לֹא אַתָּה. לִפְקֻדַּת הַקּוֹלוֹת אַל תִּשְׁמַע.

Chased

In your flesh you've learned from them how to control
yourself, loved ones, enemies – everyone.
Guarding your world, you strived only to survive:
for years they resided in your heart as ghosts
of pain and fear – your power theirs.

And now it's you who rebukes and caresses,
who tempts, lies, and accuses?
Who bangs fists on tables, wags a forefinger in reproof,
admonishes, and barks angry judgments?
Not you. Don't listen to the voices' command.

ואם אפתח

וְאִם אֶפְתַּח אֶת לִבִּי
הַאִם תָּעוּף הַצִּפּוֹר לַחָפְשִׁי?
אֵין לָדַעַת מִי כָּלוּא שָׁם –
אוּלַי זֶה חָתוּל מְעוֹפֵף,
אוּלַי צִפּוֹר בְּמַגָּפַיִם.

יוֹם אַחַר יוֹם, שָׁנָה אַחַר שָׁנָה
הוֹלֶכֶת וְשָׁבָה חַיַּת הָעֶצֶב
מִסּוֹרֵג אֶל סוֹרֵג,
מְצִיצָה מִן הֶחָזֶה
בָּאֲנָשִׁים הַחוֹלְפִים עַל פָּנֶיהָ.

אֵין לָדַעַת מִי אֲנִי.
יֵשׁ לִי עֶשֶׂר אִמָּהוֹת, וְאֵין לִי אַבָּא.
לְבַסּוֹף הָפַכְתִּי לְאַרְנָב –
הוּא בּוֹרֵחַ, וַאֲנִי
מַפִּיל אוֹתוֹ בִּירִיָּה אַחַת,
מֵכִין תַּבְשִׁיל אַרְנָבִים
וְאוֹכֵל.

And If I Open

And if I open my heart
will the bird fly to freedom?
Who knows what's imprisoned in there –
maybe it's a flying puss,
maybe a bird in boots.

Day by day, year after year,
the sadness-animal paces
behind bars,
peeking out from my chest
at the passing people.

There's no telling who I am.
I have ten mothers and no father.
Finally, I turn into a rabbit –
he runs away, and I
shoot him down with a single shot,
prepare rabbit stew
and eat.

4.

בָּבוּאָה

זֶהוּ חֲדַר הַמַּרְאוֹת שֶׁל הַזִּכָּרוֹן
אֵלֶּה הֵן הַבָּבוּאוֹת שֶׁקָּפְאוּ לָעַד:
יֶלֶד בַּחֹשֶׁךְ מְשַׂחֵק מַחֲבוֹאִים עִם צְלָלִים
שׁוֹקֵעַ בְּסֵתֶר מַדְרֵגָה
הוֹפֵךְ לְצֵל.
יֶלֶד נִפְרָד מִדְּמוּתוֹ, חוֹלֵם אֶת פָּנָיו פְּנִימָה
בְּמַרְאָה שֶׁל חֹשֶׁךְ הוּא מְגַלֶּה אוֹר
וְרוֹאֶה.

Reflection

These are reflections that are forever frozen.
This is the mirror-house of memory:
A child in the dark plays hide-and-seek with shadows,
sinks into secret nooks in the stairs,
becomes shadow.
A child splits from his image, dreams his face inwards.
In a mirror of darkness he reveals light –
and sees.

בשובי

אֲנִי מוֹשִׁיט לוֹ יַד וְהוּא נוֹטֵל –
בּוֹא, אָמִירִי, נֵלֵךְ לְטַיֵּל.

עוֹלָמוֹ גָּדוֹל וְיָפֶה מִשֶּׁלִּי,
צְלִילָיו עֵרִים, צְבָעָיו צְלוּלִים.

הַזְּמַן לֹא זָע, וַאֲנַחְנוּ שָׁטִים
בִּשְׂדֵרָה לְלֹא סוֹף, בֵּין עֵצִים וּבָתִּים.

עֲצֵי־פִיקוּס רָמִים סוֹכְכִים עַל הַיּוֹם,
יְלָדִים, אִמָּהוֹת, אוֹטוֹ־דֹּאַר אָדֹם.

בּוֹא, הוּא אוֹמֵר לִי, נֵלֵךְ לְטַיֵּל,
וּמוֹשִׁיט לִי לִבּוֹ, וַאֲנִי – נוֹטֵל.

On My Return

I offer my hand and he takes it –
Come, Amiri, let's take a walk.

His world is larger and lovelier than mine,
its sounds clear, its colors bright.

Time stands still, and we float
down an endless street, amidst trees and homes.

Lofty fig trees shade the day,
children, mothers, a passing milkman.

Come, he tells me, let's take a walk;
he hands me his heart — and I take it.

סליחה

לְתוֹךְ חָזִי שֶׁנִּקְרַע
הִיא לוֹחֶשֶׁת בַּחֲלוֹמִי
אֲנִי כָּל כָּךְ מִצְטַעֶרֶת
בְּנִי, וַאֲנִי
מְעַרְסֵל בִּזְרוֹעוֹתַי
אֶת אִמִּי הַקְּטַנָּה,
מְעַרְסֵל בְּלִבִּי
אֶת אַהֲבָתָהּ, אֶת אַהֲבָתִי.

Forgiveness

In my dream she whispers
into my torn-open chest
I'm so sorry,
my son, and I
cradle in my arms
my little mother,
cradle in my heart
her love, and mine.

□

כשנולדתי היה ערב. נשַמתי מן האוויר המתוק. העולם נגע בי כמו מים בעור, ולבי המה אליו.

☐

When I was born it was evening. I breathed the sweet air. The world touched me like water over skin, and my yearning heart called out to it.

מהתחלה

אֵצֵא לִי בַּלַּיְלָה, עוֹלָם שֶׁל צְלָלִים
יִפֹּל עַל פָּנַי וְעַל פְּנֵי הֶעָלִים.
לֹא חָשׁוּב עוֹד מָה, וְלֹא חָשׁוּב אֵיךְ –
כְּבָר יָרֵחַ מֵעָל בַּחֲזִי מְלַחֵךְ.
אֵצֵא לִי בַּלַּיְלָה, בְּחֵיק הָעוֹלָם
אַנִּיחַ לִבִּי עַד יִתַּם וְיִשְׁלַם.

From the Beginning

Let me go out by night, when a world of shadows
will fall upon my face and upon the leaves.
When *what* matters no more, nor *how* –
when the moon already grazes on my heart.
Let me go out by night, into the breast of the world
Let me rest my heart till it's whole and full.

כי תצא

כִּי תֵּצֵא בַּדֶּרֶךְ לְאִיתָקָה
אַל תִּשְׁכַּח לִקְבֹּר אֶת מֵתֶיךָ.
אַל תִּשָּׂאֵם אִתְּךָ, שֶׁמָּא יִשָּׂאוּךָ
בְּדַרְכָּם הַמַּטָּה אֶל עָרֵי הַמָּוֶת,
אֶל בֵּין אֲהָבוֹת מֵתוֹת, יְגוֹנוֹת מֵתִים
יַתְעוּ רַגְלֶיךָ, יִשָּׂאוּךָ הַרְחֵק
מֵאֶרֶץ חַיֶּיךָ.
כִּי תֵּצֵא בַּדֶּרֶךְ לְאִיתָקָה, שְׁכַח
כִּי אֵי־פַּעַם יָדַעְתָּ אֶת אִיתָקָה.

When You Set Out

When you set out on the road to Ithaca
don't forget to burry your dead.
Don't carry them with you lest they take you
down their dead road to the cities of death;
your feet led astray among dead loves,
dead sorrows, carrying you far away
from the land of your life.
When you set out on the road to Ithaca, forget
you've ever known Ithaca.

עֵדֶן

EDEN

ביער

בַּלַּיְלָה בַּלַּיְלָה, בִּדְמִי עֲלָטָה
נֵצֵא אֶל הַיַּעַר, אֲנִי וְאַתָּה.

אֶת אוֹר הַחַיִּים מֵעָלֵינוּ נִשְׁטֹף
וְתִשְׁקֹטְנָה עֵינֵינוּ בַּחֹשֶׁךְ הַטּוֹב.

בְּלִי יָרֵחַ מֵעַל, בְּעוֹלָם שֶׁל קוֹלוֹת
מֵעַל לִבֵּנוּ נָסִיר אֶת הַלּוֹט.

עֵצִים וְחַיּוֹת בְּאֵין גּוּף לְנַפְשָׁם
יַסִּיחוּ אֵלֵינוּ אָז לַחַשׁ יָשָׁן:

יַחַד נָעוּף בְּאוֹתוֹ הַנְּחִיל –
הָעוֹלָם לֹא נִגְמָר בַּמָּקוֹם בּוֹ נַתְחִיל.

עִם לַיְלָה, עִם יַעַר, כְּמוֹ אִישׁ בְּאִשָּׁה
קוֹל בְּקוֹל נִתְאַבֵּךְ, אִוְשָׁה בְּאִוְשָׁה.

אַךְ בַּבֹּקֶר בַּבֹּקֶר, בְּטֶרֶם זְרִיחָה,
בֵּין חֹשֶׁךְ לְאוֹר, בֵּין תְּנוּעָה לִמְנוּחָה,

עֵת לוֹבֶשֶׁת כָּל רוּחַ אֶת גּוּף מַרְאִיתָהּ,
נִפָּרֵד שׁוּב לִשְׁנַיִם, אֲנִי וְאַתָּה.

מֵרֶחֶם הַלַּיְלָה נוֹלֵד יְתוֹמִים,
גּוֹשְׁשִׁים זֶה אֶל זֶה, אֲבוּדִים וְסוּמִים.

תַּחַת לַהַב הָאוֹר נִבָּדֵל וְנִרְחַק;
יְעָרוֹת שֶׁל חֲלוֹם יִקָּרְסוּ לְאָבָק,

וְעוֹלָם יִתְלַקֵּט קַו אֶל קַו, קִיר אֶל קִיר –
עַד בִּרְאִי פָּנֶיךָ אֶת פָּנַי לֹא אַכִּיר.

נִפְגָּשִׁים בַּחֲלוֹף, נֹגַע לֹא־נֹגַע,
עַד אֶל עֶרֶב נֵרֵד, בְּלִבֵּנוּ נִשְׁקַע;

וְעִם לַיְלָה נֵעוֹר שׁוּב, לוּטֵי עֲלָטָה,
יַעַר בְּיַעַר, אֲנִי בְּאַתָּה.

In the Forest

In the dark of night, in its deepest silence,
let's head to the forest, you and me.

We'll wash ourselves of the light of life
and the good dark will calm our eyes.

With no moon above, in a world of sounds,
we'll lift the veil from our hearts.

Trees and animals, their souls stripped of bodies,
will whisper to us an old incantation:

Together in the same swarm we fly –
Where we begin, the world doesn't end.

By night, by forest, like a man in a woman
we'll blend voice in voice, rustle into rustle.

But early in the morning, before sunrise,
between motion and stillness, between darkness and light,

when each spirit wears the body of its appearance,
we'll again separate into two, you and me.

From the womb of night, we'll be born as orphans,
lost and blind, groping for each other.

Under the blade of light, we'll split apart and differ,
while dream forests collapse, turning to dust,

and a world will gather, line to line, wall to wall –
till in the mirror of your face I won't recognize mine.

Meeting as we pass, touching without touching
,we descend into evening, sink into our hearts llit

and wake again by night, covered in darkness,
forest in forest, me in you.

עדן

אָדָם, אָדָם, אֵיפֹה אַתָּה? אַיֶּכָּה? –
בְּכָל הַגַּן חִפְּשָׂה אוֹתִי חַוָּה.
אָדָם, אָדָם, חַיֶּיךָ הֶרֶף רֶגַע –
הֲלֹא תִּרְצֶה לָדַעַת אַהֲבָה?

סְחַרְחַר הָלַכְתִּי שֶׁבִי אַחֲרֶיהָ
וּנְחַשׁ לִבִּי זָקַף גֵּווֹ וּבָא;
אֲבָל כְּשֶׁמַּתִּי בֵּין שְׁתֵּי יְרֵכֶיהָ
גַּם מֵתָה בִּי נַפְשִׁי מֵאַהֲבָה.

EDEN

Adam, Adam, where are you? Where art thou? –
Eve looked for me everywhere in the garden.
Adam, Adam, your life is a twinkling instant,
Don't you want to know love?

Dazed I followed her, a captive
and the snake of my heart raised its back and came;
but when I died between her thighs,
my soul died too in me, from love.

קפה

אֵי שָׁם, אֵי פַּעַם (הָיָה יוֹם שֵׁנִי)
אֶל שֻׁלְחָן פִּנָּתִי בְּקָפֶה אַלְמוֹנִי
הִתְיַשַּׁבְתִּי לִכְתֹּב לִי שִׁיר עִירוֹנִי,
לִתְפֹּס שִׂיחָה שֶׁל אֲנִי עִם אֲנִי:
"מַגִּיעַ לִי", סַחְתִּי, "מַגִּיעַ יוֹתֵר!
בִּקַּשְׁתִּי חַם, קִבַּלְתִּי פּוֹשֵׁר."

הִיא יָשְׁבָה קָרוֹב, בְּמֶרְחָק שֶׁל כִּסֵּא
וּמִיָּד שָׁאֲלָה אוֹתִי, "מַה 'תָּה עוֹשֶׂה?"
לִפְעָמִים עָדִיף בְּעֶצֶם לִשְׁתֹּק
(בִּקַּשְׁתִּי מָלוּחַ, רָצִיתִי מָתוֹק):
"כּוֹתֵב", כָּךְ עָנִיתִי, "שִׁיר עִירוֹנִי –
מִין שִׂיחָה שֶׁל יוֹם חֹל, אֲנִי עִם אֲנִי."

הִנַּחְתִּי לָעֵט – הִיא יָשְׁבָה כֹּה סָמוּךְ –
רָצִיתִי קָצָר, קִבַּלְתִּי הָפוּךְ.
מֵאָז לֹא שִׁנְּתָה נָשׂוּא אוֹ נוֹשֵׂא:
כָּל בֹּקֶר שׁוֹאֶלֶת רַק "מַה 'תָּה עוֹשֶׂה?"
"מְחַפֵּשׂ אֶת הָעֵט", אוֹמֵר לָהּ אֲנִי,
"שֶׁנִּשְׁאַר עַל שֻׁלְחָן בְּקָפֶה אַלְמוֹנִי".

אֵיךְ בָּנִיתִי עַל נֵס, הִתְפַּשַּׁרְתִּי עַל בֹּץ,
רָצִיתִי לָעוּף, הִתְרַגַּלְתִּי לִרְבֹּץ –
"מַגִּיעַ לִי", סַחְתִּי, "סִבּוּב שֵׁנִי:
אֶתְיַשֵּׁב שׁוּב לִכְתֹּב לִי עוֹד שִׁיר עִירוֹנִי."

Café

Somewhere, sometime (it was Monday)
at a corner table in a nameless café
I sat down to write myself a city poem,
to catch myself up with me:
"I deserve better," I said, "and more!
I asked for it *hot* but got *lukewarm*."

She sat nearby, a chair away,
and immediately asked me, "What are you doing?"
Sometimes it's better to be silent
(I asked for *salty*, but wanted *sweet*):
"Writing," I replied, "a city song –
a kind of small talk, me with myself."

I let the pen slip – she sat so close –
I wanted *quick-drip* but got *slow-pour*.
She's never changed the subject or predicate:
asks every morning, "What are you doing?"
"Searching for my pen," I say,
"left on a table in a nameless café."

How I wanted *cream* but settled for *black*,
I wanted to soar but accepted idling in place –
"I deserve better," I said, "a second round:
let me try again to write myself a city poem."

אַתָּה יוֹשֵׁב בֶּחָצֵר

אַתָּה יוֹשֵׁב בֶּחָצֵר מוּל חַלּוֹנָהּ.
מֵעַל הִיא צוֹפָה, הִיא יָפָה, הִיא בּוֹכָה.
הִיא אֲחוֹתְךָ,
אֲבָל אֵין לָכֶם גְּאֻלָּה,
אֵין לָכֶם נֶפֶשׁ
קְרוֹבָה –
שׁוּם דֶּלֶת לֹא מוֹבִילָה
מִבְּדִידוּתְךָ אֶל בְּדִידוּתָהּ.
וְאַתָּה –
מִתְנַחֵם בַּמִּלִּים
עַל הֱיוֹתְךָ,
וְאַהֲבַתְכֶם הִיא צַעַר,
וְהַצַּעַר הוּא אַהֲבָה.

You're sitting in the courtyard

You're sitting in the courtyard opposite her window.
Above she's watching, beautiful, crying.
She's your sister,
but there's no redemption for you two,
no close
soul –
no door leads
from your loneliness to hers.
And you
console yourself with words
for your existence,
and your love is sorrow,
and the sorrow love.

אָן

עוֹמֵד עַל שְׂפַת הַיּוֹם
נוֹשֵׂא עֵינַי עַד אֹפֶק –
חַיַּי הוֹלְכִים בָּאִים,
גַּלִּים עַל פְּנֵי חֲלוֹם.

אֵינֵךְ כְּבָר, אֲהוּבָה,
שָׁכַבְתְּ גַּם לֵיל הַחֵשֶׁק.
גַּם אֲהוּבֵךְ אֵינוֹ עוֹד,
בִּרְאִי אַחֵר אָבַד.

מַכִּים גַּלֵּי הַזְּמַן –
אַחַר גֵּאוּת – הַשֵּׁפֶל.
אֲנִי וְעוֹד אֲנִי
בָּאִים הוֹלְכִים – לְאָן?

Where To

Standing on the bank of day
my eyes reach for the horizon –
my life comes and goes,
waves on the surface of dream.

You're no more, my lover,
the night of passion over.
Your lover is no more either,
lost in another mirror.

The waves of time beat –
after high tide – the ebb.
I and one more I
come and go – where to?

לנוכח פסל אנטינואוס

מִבַּעַד לַמֵּאוֹת,
בֵּין טְבוּעֵי הַלָּתָה הַנְּמַסִּים לְאַטָּם,
עֵינֶיךָ לְבָנוֹת וְעִוְּרוֹת
בּוֹהוֹת עוֹד בְּמִצְלוֹת יָפְיָן.
רַק תּוּגַת שְׂפָתֶיךָ נוֹשֶׁקֶת
לְלִבִּי הָאוֹבֵד, הַיָּשָׁן.

אנטינואוס: אהובו היווני של הקיסר הדריאנוס שטבע בנילוס ואחרי מותו זכה להאלהה
ולפולחן במקדשים ברחבי האימפריה הרומית.
לתה: נהר השכחה, אחד מחמשת נהרות השאול במיתולוגיה היוונית,

Beholding Antinous' Statue

Through the centuries,
among the drowned of Lethe that melt slowly away,
your eyes, white and blind,
still gaze into the deep of their beauty.
Only the sorrow of your lips kisses
my stray, sleeping heart.

Antinous: the Greek lover of emperor Hadrian, that drowned in the
Nyle and was deified and worshiped throughout the Roman empire.
Lethe: in Greek mythology – the river of forgetfulness, one of the five
underworld rivers.

על שפת

עַל שְׂפַת הַיָּם אֵשֵׁב דּוּמָם:
בָּאִים הוֹלְכִים גַּלִּים.
עַד כָּל כְּאֵב בָּם יִשָּׁטֵף,
עַד אִם לִבִּי יַחְלִים.

אֵשֵׁב עַל חוֹף, בִּדְכִי אֵינְסוֹף
גַּעְגּוּעַי יָשׁוּט.
לִהְיוֹת לְגַל נַפְשִׁי תִּשְׁאַל
לְיַם הַלֵּב לָשׁוּב.

At the Seashore

At the shore I sit in silence:
the waves come and go
till all pain is washed away,
till my heart has recovered.

I sit on the shore, in the endless murmur
my longings take sail.
My soul asks to become a wave,
to return to the heart's sea.

נוֹצָה

FEATHER

[בלגרד]

☐
מַכִּים תֻּפֵּי גַּגּוֹת
מַכִּים תֻּפֵּי שְׁלוּלִית
רֵיחַ שֶׁל גֶּשֶׁם

☐
לְסֵרוּגִין
בֵּין עַנְפֵי הַצַּפְצָפָה
שָׁמַיִם, צִפּוֹר

☐
הַגֶּשֶׁם פָּסַק
בֵּין טוּרֵי הַבִּנְיָנִים
מַפְלִיג הָעוֹרֵב

[Belgrade]

☐
The morning orchestra
Only percussionists
The smell of rain

☐
Intermittently
Through the poplar's foliage
A sky, a bird

☐
The rain has stopped
Between two rows of buildings
The crow sails by

[קציר]

□

מוּאַזִּין שֶׁל בֹּקֶר
עַל קַו הָרֶכֶס
קוֹרֵא הַתַּרְנְגוֹל.

[Qatsir, Israel]

□
A morning muezzin
On the ridge line
The rooster crows.

[תל אביב]

□

תַּמְרוּר שֶׁל עֲצֹר
בַּדֶּרֶךְ הַבַּיְתָה –
חָתוּל שֶׁנִּדְרַס

[Tel Aviv]

☐
A stop sign
On my way home
A run-over cat in the road

[בלגרד]

□

הָעֵץ בַּמֶּרְחָק
רְכָסִים שֶׁל עַלְוָה
מִתּוֹךְ עֲרָפֶל

[Belgrade]

□
A tree in the distance
Ridges of foliage
Emerge from the fog

[ביג'ין]

□

עִם שַׁחַר בַּסִּמְטָה
הַמְנַקֶּה גּוֹרֵף
עֲרֵמוֹת שֶׁל אֶתְמוֹל

□

חֵץ שֶׁל צִיּוּצִים
מֵעַל עֵץ הַצֶּאֱלוֹן.
לְאָן, צִפֳּרִים?

□

פְּנִימָה וְחוּצָה
נוֹשֵׁם הַלַּיְלָה
יָרֵחַ מָלֵא

[Beijing]

☐

Daybreak in the alley
The streetcleaner is sweeping up
Heaps of yesterday

☐

An arrow of chirps
Above the flame tree.
Where, birds, are you off to?

☐

Inhaling, exhaling
A full moon
The night is breathing

[וֶנטספילס]

□

עַל גָּדַת הַנַּחַל
הָעֵץ טוֹבֵל צַמַּרְתּוֹ
בַּאֲגַם הַשָּׁמַיִם.

□

גַּרְגְּרֵי פֶּחָם
מְמַלְּאַת אֶת מַקּוֹרָהּ
צִפּוֹר עֲגוּרָן.

□

שְׂדֵה הַתְּעוּפָה:
בֵּין כָּאן לְבֵין שָׁם
כְּלוּם לֹא שֶׁלִּי

[Ventspils, Latvia]

☐

On the bank of the stream
The poplar dips its tip
Into the lake of the sky.

☐

Filling its beak
With lumps of coal
A crane bird.

☐

In the airport
Between here and there
Nothing is mine

[צֶטְנִיֶּה]

□

פְּרִיחַת הַלִּבְנֶה
מְמַלֵּאת אֶת הָאֲוִיר
זִכְרוֹנוֹת שֶׁל מִישֶׁהוּ אַחֵר.

[Cetnija, Serbia]

□
Linden blossom
Fills the air
With memories of someone else.

[זְלַטִיבּוֹר]

□

בַּחֲצַר הַסָּנָטוֹרְיוּם
אִישׁ אֵינוֹ מַפְרִיעַ
אֶת מְנוּחַת הָאֳרָנִים

[Zlatibor, Serbia]

□
In the sanatorium yard
No one disturbs
The pines' rest.

[סאגאר קאראסטה, ג'ייפּוּר]

□

עַל שְׂפַת הַמַּיִם
לוֹעֲסוֹת שַׁלְוָתָן
פָּרוֹת בָּאָחוּ.

סאגאר קאראסטה הוא אגם המשתרע בין מצודות ג'ייפור

[Sagar Karasta, Jaipour]

☐
On the bank of a stream
Munching their peace
Cows out to pasture

[תל אביב]

□

לַיְלָה, אֵין אִישׁ
בַּגִּנָּה הַצִּבּוּרִית
אֲדָמָה נֶאֱנַחַת

□

עַל מִטָּתִי
לַיְלָה, רֵיחַ גּוּפֵךְ
לֹא נִרְדָּם

[Tel Aviv]

☐
Night, there's no one
In the public garden
Earth is moaning

☐
Night on my bed
The smell of your body
Never falls asleep

□ אהבה

שְׁנֵי עָלִים נוֹפְלִים
הִפְגִּישָׁה לְרֶגַע
רוּחַ הַסְּתָו

□ *Love*

For a brief moment
The wind brought together
Two falling leaves

□ שלום

הַגֶּשֶׁם פָּסַק.
מִתַּחַת עֵץ הַזַּיִת
יוֹנָה מְנַקֶּרֶת.

□

רֵיקוּת לְבַסּוֹף
אַף נוֹצָה לֹא נוֹתְרָה עוֹד
בְּכַנְפֵי הָעוֹלָם

□ *Peace*

The storm stopped
A dove is pecking
Under the olive tree

□

Emptiness at last
Not even a feather on
The wings of the world

מבראשית

FROM THE BEGINNING

ברכה על הלחם

הִנֵּה,
כִּי אַחַת אִמֵּנוּ
אֲנִי חָשׁ בַּלֶּחֶם
אֶת כָּל גַּרְגִּירֵי הַחִטָּה.
בְּקִרְבִּי בָּאתֶם הַיּוֹם
וּמָחָר גַּם אֲנִי אֶל מוֹרַג
וְשַׁבְנוּ אֶחָד אֶל חֲבָבָהּ.

Blessing Over Bread

Here, where our mother is one
I savor in this bread,
every grain of wheat.
Today you entered me
and tomorrow I too will be threshed
and we'll return as one
to her womb.

שירים של אוג

שיר השבט

בְּלָבְשִׁי אֶת טֶבַע הָעֵץ אֲשֶׁר לִי
אֲנִי נָח בְּצִלִּי.
בְּשָׁטְפִּי עַל סְלָעִים
הָאֲנִי־שֶׁל־מַיִם שֶׁלִּי
זוֹרֵם עִם אֲחֵרִים בְּאַחְדוּת מַחְלִיקָה.

וּבְהָעֵב שָׁמֵינוּ
נִטֹּל אֶת טִבְעֵנוּ־שֶׁל־רַעַם
וְנָרִיק מֵעָל אֶת מַשָּׂא עָצְמָתֵנוּ,
וְנִתְנַשֵּׁף סוּפוֹת
וְנִלְבַּשׁ גֶּשֶׁם
וְנִשְׁאַג נִתָּכִים זֶה בָּזֶה לִרְוָחָה
מְרַעַנְנִים שׁוּב אוֹתָנוּ, אֲדָמָה.

וּמִתְבַּהֲרִים מֵאֹפֶק עַד אֹפֶק
נַעֲטֶה נוֹצָה לְבָנָה אֲרֻכָּה
וְנָחֹג עַל גְּבוּלוֹתֵינוּ,
נָסֹב כָּל גְּבוּלוֹת הַשָּׁמַיִם.

שיר הצַיִד

אָמִית אוֹתְךָ, הַצְּבִי הַגָּדוֹל
אֹכַל אֶת בְּשָׂרְךָ הָרַךְ.
כְּבָר שָׁאַפְתִּי אֶת נְשִׁיפָתְךָ הַחַמָּה
כְּבָר סָפַגְתִּי אֶת רוּחֲךָ אֶל רוּחִי
וַאֲנַחְנוּ אֶחָד.

יָבוֹא בְּשָׂרְךָ בִּבְשָׂרִי
תִּסָּפֵג עָצְמָתְךָ בְּעָצְמָתִי.
הַבֵּט מֵעֵינַי, הַצְּבִי הַגָּדוֹל,
רוּץ בְּרַגְלַי הַקַּלּוֹת.

SONGS OF OG

Song of the Tribe

Wearing my tree nature
I rest in my shade.
When flowing over rocks
my water self
glides with others
in silken unity.

And when our sky is clouded
we don our thunder nature
and breathing storms, wearing rain,
we unleash the burden of our strength,
roaring in relief as we collide with one another,
watering again our earth selves.

Then, when we're clear again from horizon to horizon,
we spawn long white feathers
and encircle our limits,
encircle the edges of the sky.

Hunting Song

I will kill you, O great deer,
I will eat your tender flesh.
I've already inhaled your warm breath,
I've already absorbed your spirit into mine,
and we are one.

Let your flesh enter my flesh,
let your power enter mine.
Look through my eyes, O great deer,
run swift in my swift legs.

שיר אהבה

בְּנָטְלִי אֶת הָאֲנִי־שֶׁל־אִשָּׁה אֲשֶׁר לִי
מִמַּעַל לוֹ אֶתְיָרֵחַ.
וְיוֹתֵר מִכֹּל אָז אֶלְבַּשׁ אֶת טְבָעַי
בְּהִתְבּוֹנְנִי בְּכֹל מֵעֵינַיִךְ.

Love Song

Looking at you
I put on my woman self
and become the moon above.

More than anything
I wear my natures
by looking at everything
through your eyes.

אני מביט מעיני הקופים

אֲנִי מַבִּיט מֵעֵינֵי הַקּוֹפִים
הַמְשַׂחֲקִים בְּגֻלְגָּלְתִּי בֵּין הַשְּׂרָכִים;
אֲנִי נִשָּׂא בְּכַנְפֵי הַנֶּשֶׁר בְּעוּפוֹ
כִּי בָּאוּ מֵעַי בְּמֵעָיו;
בְּחֵיק הָאֲדָמָה
אֲנִי זוֹחֵל עִם הַתּוֹלָעִים
שֶׁאָכְלוּ אֶת עֵינֵי מֵאֲרֻבּוֹתֵיהֶן;
אֲנִי יָרֹק וְצוֹמֵחַ בָּעֵשֶׂב
שֶׁדֻּשַּׁן בִּבְשָׂרִי הַנִּרְקָב.

גּוּף אֱלֹהַי שֶׁלִּי,
מַה גָּדַלְתָּ מְאֹד!

I Look Through the Monkeys' Eyes

I look through the monkeys' eyes
as they play with my skull up in the trees.
I'm carried by the eagle as he flies
because my entrails ride in his.
In the belly of the earth
I crawl with worms
who ate my eyes from their sockets;
I am green, and I grow in grass
made rich by my rotting flesh.

O my body,
how you've grown!

הבשורה על פי תאופילוס

אֲנִי הַנִּצְחִי, תֵּאוֹפִילוֹס,
עֲיֵף אֵינְסוֹף יָמָיו,
אֶת עִתּוֹ שֶׁל הַשּׁוֹטֶה חָזִיתִי לָכֶם,
אֶת הָעוֹלֶה לְהָמִית
בִּצְחוֹקוֹ.

אֲנִי תֵּאוֹפִילוֹס, הַנָּד לָעַד
רָאִיתִי אֶת חַיֵּיכֶם – וְהֵם בָּלִים מִסַּנְדְּלַי;
חַיֵּי יָד שְׁנִיָּה וּשְׁלִישִׁית וּרְבִיעִית
וְכָל הַיָּדַיִם הָאֵלֶּה יָדַי
הַפְּשׁוּטָה לְקַבְּצָם בְּשַׁעַרְכֶם הָאַחֲרוֹן.

הֵן זֶהוּ הַכְּאֵב הַחוֹזֵר אֲלֵיכֶם,
הַקַּל לְהִמָּצֵא וְהַיָּקָר מֵאַבְּדוֹ.
כַּכְּנָפַיִם לַצִּפּוֹר בְּעוּפָהּ הוּא לָכֶם,
הוֹ הַכְּאֵב, נוֹתֵן הַהַשְׁרָאָה!

וְיוֹרְדִים אַתֶּם לָעֵמֶק
כְּבַחֲלוֹם כֵּן בְּהָקִיץ
וְרוֹאִים אֶת הָעֵצִים הָרוֹכְנִים עַל הַנַּחַל;
וּפֵרוֹת יֵשׁ שָׁם, וּמַיִם, וְהַבְּבוּאָה בָּאַדְווֹת
וְהַדְּבַשׁ בָּאֲוִיר וְהַיָּרֹק בַּכֹּל.

וְאָז תִּירוּ בַּחַיּוֹת, וּבַנַּחַל צִנּוֹרוֹת תָּשִׂימוּ,
וְעַל הָאָרֶץ הַנּוֹשֶׁמֶת תְּכַסּוּ בְּאַסְפַלְט;
וּתְדַבְּרוּ עוֹד אֵלַי עַל אַהֲבַתְכֶם הַמַּתְנִית
מִתְהַלְּכִים בְּכָל מָקוֹם, מִפּוֹנְטִיוּס עַד פִּילָאטוּס,
מְנוֹפְפִים לְכַפָּרוֹת
בְּעִתּוֹן אֱלֹהֵיכֶם הַקָּדוֹשׁ.

The Gospel According to Theophilus

I, the eternal, Theophilus,
weary of my endless days,
foresaw for you the time of the fool,
the one that comes forth to kill
with his laughter.

I, Theophilus, who forever wanders,
saw your lives, and determined them
more worn-out than my sandals;
second-hand lives, third- and fourth-hand,
and all the hands are mine,
stretched out to beg at your lowliest gate.

For this is the pain that returns to you,
that's easy to find and too dear to lose.
It's to you like wings to a flying bird
O the inspiration-giving pain!

And you descend into the valley
in dream as when awake
and see the trees leaning down to the stream
and there's fruit there, and water,
and reflections in the ripples,
and honey in the air, and everything is green.

And then you shoot the animals
and put a pipeline in the valley
and cover the breathing earth with asphalt,
and go on talking to me about your conditioned love,
walking everywhere, from Pontius to Pilatus,
waving for expiation
the holy newspaper of your god.

הוֹ אֱלֹהִית שֶׁלִּי,
הִנֵּה כַּפּוֹתַי כְּכַפּוֹתָיו שֶׁל הַקּוֹף
וְכָמוֹנִי כָּמוֹהוּ בֵּין יַלְדֵי יַעֲרוֹתַיִךְ
רַק לֹא אוּכַל עוֹד אֲנִי
לְהָבִין זֹאת.

אַךְ יָכוֹל אֲנִי וְרוֹאֶה
גַּם אֶת הַזָּעִיר שֶׁבַּזְּעִירִים
מִתַּחַת לְמַגָּפָם הַמּוּנָף לְמִרְמָס.
וְהוּא כֻּלּוֹ מִתְפַּלֵּל וּמַרְעִיד אֲלֵיהֶם
וּמְמַתָּח כָּל גּוּפוֹ וְשָׁלוּחַ כְּסוֹגֵד:
לֹא! אַל תַּהַרְגוּנִי!
אֲבָל חֵרְשׁוֹת אָזְנִיּוֹתֵיהֶם וְלִבָּם שָׁמֵן
וְלֹא תִּרְאֶה עֵינָם הַקְּרוּמָה
אֶת הַמַּגָּף הַתָּלוּי בִּשְׁמֵיהֶם.

וְהֵם מְגַדְּלִים פִּטְרִיּוֹת מֵחַסְדּוֹ שֶׁל הַיַּעַר,
מֵחֹרֶף חֲלוֹמָם, הוֹ אֵילוּ פִּטְרִיּוֹת!
וְנִדְהֶמֶת עֵינָם כִּי מֵעוֹלָם לֹא אָסְפוּ
פִּטְרִיּוֹת כֹּה גְּדוֹלוֹת, כֹּה יָפוֹת,
כֹּה אֲטוּמִיּוֹת;

וְהָאֵשׁ אָז תָּבוֹא וּתְכַבֶּה בְּנְשִׁיפָתָהּ
אֶת כָּל שְׂרֵפוֹת הַכַּדּוּרִים וְהַפִּטְרִיּוֹת וְהַנֵּפְט.
מִכֶּרֶס הָאֲדָמָה תַּעֲלֶה אָז הָאֵשׁ
וְלֹא תִּזְכֹּר עוֹד הָאָרֶץ דְּבָרָם,
כִּי עָלֶיהָ אָמְרוּ "עֲגֻלָּה הִיא".

וּלְכַסּוֹתָהּ יַעֲלֶה אָז הַגַּל כִּשְׂמִיכָה
לְשֵׁנָה אֲרֻכָּה וְשׁוֹכַחַת.
וּכְמוֹ פֶּצַע בָּשָׂר עֲנָקִי תְּסַגֵּר
עַל כָּל הַזֻּהֲמָה וְהָרָקָב הָרוֹחֵשׁ
וְקִיטוֹר הַקֵּץ הָרוֹתֵחַ;
קְרוּעָה וְלוֹהֶטֶת בָּשָׂר תְּסַגֵּר
לְהַעֲלוֹת אֲרוּכָתָהּ בַּזִּכָּרוֹן.

O, my goddess,
look, my palms are the same as the monkey's,
and I, like him, am a child of your forests,
though I can no more
grasp it.

Still, I can see even the smallest creature
under the boot raised to trample him,
and he's all body and soul in prayer,
trembling in their direction,
his back extended as in worship:
No, don't kill me!
But they're deaf with earphones
and their hearts are calloused
and their crusted eyes can't see
the boot that hangs over their own sky.

And they grow mushrooms from the forest's generosity
and from the winter of their dream. O what mushrooms!
Their eyes are stunned
for never have they gathered such big, beautiful
atomic blooms;

And the Fire will come, and its breath will extinguish
all the bullets, mushrooms and oil flames.
From the bowels of the earth, the Fire will rise
until the Earth forgets they called her
a sphere.

And the Wave will cover her like a blanket
for a long sleep of oblivion.
And like a huge, fleshy wound, the earth will close
over the filth, the sizzling rot,
and the blistering vapor of the End;
and the Earth, torn, its flesh ablaze, will close
and grow a new skin from her memory.

אַךְ עוֹד וְלָעַד שׁוֹקְקִים חַיִּים
לָשׁוּב מֵאַלְחֹמֶר הַקֵּץ
וְהָאוֹקְיָנוֹס, רָחָב וְעָמֹק, יָשׁוּב יִקְרְמֵם בְּמֵימָיו.
וּבִתְנוּעָה אִטִּית, שׁוֹקֶטֶת,
כְּמַהוּת הֲזוּיָה
אֶל מֶרְחָב וְאֶל זְמַן לֹא נוֹדָעוּ –
יֵעוֹרוּ יַלְדֵי הַקֵּץ בַּחֹשֶׁךְ הָאָהוּב
וְהָרַדְיוֹאַקְטִיבִיּוּת הַבְּרוּכָה שֶׁלָּהֶם
תִּזְרַח רַק לְמַעֲנָם.

אֲנִי תֵּאוֹפִילוֹס, הַנָּד לְךָ, עַד,
רָאִיתִי כָּל זֹאת, אַךְ לֹא עוֹד אָשׁוּב.
רַק אַמְתִּין לְבָצִיר הַכַּדּוּרִים הַמְעוֹפֵף
הַשּׁוֹבֵר כָּל רָעָב וְנִתָּן לַכֹּל;

צְלוּב שַׁחְצָנוּת, בְּעֵין הַסּוּפָה אֶעֱמֹד
וְאֶצְחַק וְאֶצְחַק כַּגֵּיהִנֹּם הַנִּפְתָּח,
כַּשָּׂטָן הָרַחוּם הַמִּשְׁתַּקֵּף מֵעֵינְכֶם,
הוֹ הַחַיָּה הַגְּדוֹלָה שֶׁל הַצְּחוֹק!

וּבְמַעְגַּל בְּשׂוֹרָתִי הַמֵּמִית כָּל חוֹדֵר
יֵעוֹר הַמּוּטַנְט, זֶה חַיַּת הַקֵּץ
לְקוֹל צְחוֹקִי הַמַּמְתִּין לַכַּדּוּר הָאַחֲרוֹן.

And life, forever striving,
will recompose the undone matter of the End,
and the ocean, deep and wide, will once more swell with water;
and in a slow, silent motion,
like dreamed creatures
hallucinated into unknown being
the children of the End will wake in the precious darkness
and the blessed radioactivity
will shine for them alone.

I, Theophilus, who deplores you, eternity,
saw all this and will return no more.
I'll only wait for the bullets' harvest
that's given to all, that sates every hunger.

I'll stand in the eye of the storm, crucified by vanity,
laughing and laughing like an opening hell,
like the merciful devil seen reflected in your eyes --
O, great beast of laughter!

And in the tidings of my gospel
that kills all intruders
the mutant, the beast of the End, will arise
to the ringing of my laughter,
awaiting the final bullet.

שובו

שׁוּבוּ שׁוּבוּ וְנָסֹבָּה,
לֹא הֵקִיץ עָלֵינוּ קֵץ.
שׁוּבוּ וְנָסִיר הַכּוֹבַע
מוּל כָּל חַי וּמוּל כָּל עֵץ;

בּוֹאוּ וּכְמוֹ אָז, בְּיַחַד
אֶת לִבֵּנוּ שׁוּב נִפְתַּח
עַד כִּי לֹא נֵדַע עוֹד פַּחַד,
מִי אֲנַחְנוּ לֹא נִשְׁכַּח;

לֹא נִשְׁכַּח מֵאַיִן בָּאנוּ
וְנִזְכֹּר לְאָן נֵלֵךְ –
בַּגַּלְגַּל לֹא מָט לִבֵּנוּ,
עַל כָּל רֶגַע הוּא מוֹלֵךְ;

שׁוּבוּ, שׁוּבוּ, וְנֵצֵאָה
בַּמָּחוֹל שֶׁאֵין לוֹ סוֹף,
כֵּן עִם לֹא וָצַר עִם רֵעַ
בְּתוֹךְ לֵב שֶׁאֵין לוֹ חוֹף.

Come Back

Come back, and we'll dance another round,
our end is not yet here.
Come back and let's tip our hats
to every living creature and every tree;

come and like back then, together
we'll open our hearts again
till we no longer know fear,
no longer forget who we are;

we'll not forget where we've come from
and we'll remember where we're headed –
our heart won't falter in the wheel,
for it is king of every instant;

come back and let's dance
the endless dance,
yes with no, and friend with foe
in this heart that has no shore.

בַּגַּלְגַּל

ON THE WHEEL

בחדר החשוך

1

בְּחֶדֶר חָשׁוּךְ אֲנִי מְשַׂחֵק מַחְבּוֹאִים עִם צְלָלִים,
שׁוֹקֵעַ בְּסֵתֶר מַדְרֵגָה,
הוֹפֵךְ צֵל.

2

בַּחֶדֶר הֶחָשׁוּךְ שָׁלֹשׁ מְכַשֵּׁפוֹת עַל אֲרוֹן הַבְּגָדִים.
אֲנִי מַדְלִיק אֶת הָאוֹר, וְהֵן הוֹפְכוֹת שְׁקוּפוֹת.
שָׁנִים חוֹלְפוֹת.
עוֹדָן שָׁם, מַמְתִּינוֹת.

3

בַּחֶדֶר הֶחָשׁוּךְ אֲנִי מְפַתֵּחַ תְּמוּנָה
שֶׁל נַעֲרָה עֲרֻמָּה.
אַט אַט הִיא עוֹלָה אֶל הַנְּיָר.
אֲנִי מוֹשֶׁה אוֹתָהּ,
מְיַבֵּשׁ אוֹתָהּ מִנּוֹזֵל הַפִּתּוּחַ,
מְכַסֶּה אוֹתָהּ בִּמְעִילִי.

4

בַּחֶדֶר הֶחָשׁוּךְ, בְּסֵיאַנְס יַפָּנִי,
אֲנִי מַעֲלֶה אֶת רוּחַ הַשּׁוּעָלָה.
"אַתְּ נְשׂוּאָה?" אֲנִי שׁוֹאֵל,
"כָּרֶגַע לֹא" הִיא עוֹנָה.
שְׁלוּבֵי זְנָבוֹת אֲנַחְנוּ פּוֹסְעִים
אֶל תּוֹךְ הַמַּרְאָה.

רוח השועלה: בפולקלור היפני רוחה לובשת דמות של נערה יפה, ומפתה גברים כדי להשתלט על גופם או נשמתם.

In the Darkroom

1

In a darkroom I play hide and seek with shadows,
sink into secret places in the stairs,
turn into shadow.

2

In the darkroom three witches sit on the wardrobe.
I turn on the light, and they become transparent.
Years pass.
They're still there, waiting.

3

In the darkroom I develop a picture
of a naked girl.
Slowly she emerges on paper.
I draw her out,
dry her of developer,
cover her with a coat.

4

In the darkroom, in a Japanese séance,
I conjure the spirit of the she-fox.
"Are you married?" I ask.
"Not at the moment," she replies.
Interlacing our tails we walk
into the mirror.

She-fox spirit: In Japanese folklore the female fox spirit dons the
form of a beautiful girl and tempts men in order to take over their
body or soul.

5

בַּחֶדֶר הֶחָשׁוּךְ אֲנִי מְגַלֶּה
דֶּלֶת שֶׁמּוֹבִילָה
אֶל חֶדֶר חָשׁוּךְ.

6

בַּחֶדֶר הֶחָשׁוּךְ, לְאוֹר נֵרוֹת קָלוּשׁ,
אֲנִי מְבָרֵךְ אֶת מַאֲמִינַי.
מִשִּׁכְּלֵי רַגְלַיִם הֵם מִצְטוֹפְפִים עַל הָרִצְפָּה,
רֹאשָׁם מֻרְכָּן.
מִי מִכֶּם יִמְסֹר אוֹתִי?

7

בַּחֶדֶר הֶחָשׁוּךְ נְקִישׁוֹת פְּרָאִיּוֹת
עוֹלוֹת מִן הַדַּף.
הַמִּלִּים "דֶּלֶת" וּ"נְעוּלָה" מִזְדַּעַזְעוֹת, נִקְרָעוֹת.
אָמִיר אַחֵר פּוֹרֵץ לַחֶדֶר, מְגָרֵשׁ אוֹתִי
אַל חֶדֶר חָשׁוּךְ אַחֵר.

8

בַּחֶדֶר הֶחָשׁוּךְ אֲנִי יוֹרֶה
בָּאִישׁ שֶׁבַּמַּרְאָה.
לְשִׁבְרֵי פָּנָיו אֲנִי אוֹמֵר:
"אֵין מָקוֹם לִשְׁנֵינוּ בַּחַלּוֹן הַזֶּה".

9

בַּחֶדֶר הֶחָשׁוּךְ, מֵאֲחוֹרֵי דֶּלֶת נְעוּלָה,
כְּבָר שְׁלוֹשָׁה יָמִים לְלֹא שֵׁנָה,
שׁוֹתֶה קָפֶה שָׁחֹר מִסֵּפֶל שָׁחֹר,
אֲנִי כּוֹתֵב בְּמַחְבֶּרֶת שְׁחוֹרָה:
"בַּחֶדֶר הֶחָשׁוּךְ, מֵאֲחוֹרֵי דֶּלֶת נְעוּלָה,
כְּבָר שְׁלוֹשָׁה יָמִים לְלֹא שֵׁנָה..."

5

In the darkroom I discover
a door leading to
a darkroom.

6

In the darkroom, by dim candlelight
I bless my devotees.
Cross-legged they're a crowded on the floor,
heads bent.
Who among you will hand me over?

7

In the darkroom wild knockings
rise from the page.
The words "door" and "locked" are shaken, torn.
Another Amir bursts into the room, chasing me away
to another darkroom.

8

In the dark room I shoot
the man in the mirror.
To his shattered face I say:
"there's not enough room for both of us in this window."

9

In the darkroom, behind a locked door,
already three days without sleep,
drinking black coffee from a black cup,
I'm writing in a black notebook:
"In the darkroom, behind a locked door,
already three days without sleep…"

10

בַּחֶדֶר הֶחָשׁוּךְ אֲנִי נִפְרָד מִדְּמוּתִי,
חוֹלֵם אֶת פָּנַי פְּנִימָה.
בְּמַרְאָה שֶׁל חשֶׁךְ אֲנִי מְגַלֶּה אוֹר,
וְרוֹאֶה.

10

In the darkroom I separate from my image,
dream my face inwards.
In a mirror of darkness I reveal light –
and see.

בגלגל

□

כְּדֵי לִהְיוֹת סִפּוּר אוֹ סְתָם דֻּגְמָה
אָדָם כָּמוֹנִי לֹא זָקוּק לִנְשָׁמָה.
נוֹדֵד אֲנִי מִכָּאן לְשָׁם, וּלְשֵׁם מָה?
הַיּוֹם יֶשְׁנִי, מָחָר – מִתַּחַת אֲדָמָה.

□

וְאָז לְאָן? – עוֹד פַּעַם בַּגַּלְגַּל לָסֹב,
וּמִבְּרֵאשִׁית לָלֶכֶת אֶל עוֹד סוֹף.
עֲנֵה לִי יָם שֶׁאֶל קִרְבּוֹ גַּלִּים יִגְרֹף:
מַה פֵּשֶׁר הַמַּסָּע הַזֶּה, שֶׁאֵין לוֹ חוֹף?

□

בַּדֶּרֶךְ זֶה אֶל זֶה שׁוּב נְנוֹפֵף שָׁלוֹם
וְגוּף יִקְרָא אֶל גּוּף כְּמוֹ תְּהוֹם לִתְהוֹם.
נִתְהֶה עוֹד פַּעַם אֵיךְ הִגַּעְנוּ עַד הֲלוֹם,
וְשׁוּב נִגְמֹר הַלֵּל – עַל כֶּלֶא הַחֲלוֹם.

□

רַק בְּרִגְעֵי צְלִילוּת, בְּרֶדֶת סְתָו
לִבֵּנוּ יְחָבֵט פִּתְאוֹם בְּקִירוֹתָיו;
וְאָז נֵעוֹר לְבַד, כְּלוּאִים, מֻכֵּי רָעָב,
כְּבוּלִים אֶל אֶלֶף חֶזְיוֹנוֹת תַּעֲתוּעָיו.

On The Wheel

☐

To serve as story or simple example,
a man like me doesn't need a soul.
I wander from here to there, and what for?
Today I am; tomorrow – under the soil.

☐

And then where to? – to turn once more on the wheel,
to walk again from the beginning to yet another end.
Answer me, sea that sweeps wave after wave into itself:
what's the meaning of this voyage that has no shore?

☐

Along the way we'd again wave hello-goodbye to each other
and body would call to body like one abyss to another.
Once more we'll wonder how we've arrived here,
and praise again the prison of our dream.

☐

Only in moments of clarity, when autumn descends,
will our hearts suddenly bump against their walls;
and then we'll wake alone, imprisoned, hunger-stricken,
bound by its thousand visions of illusion.

בזוכרי

"מַעֲרִיב הַיּוֹם עַל הָאֲגַם" (חיים לנסקי)

עַל חוֹף שׁוֹמֵם אַקְשִׁיב
בְּלִי־דַי לְרַחַשׁ גֹּמֶא,
לֹא מַחְשָׁבָה, לֹא אֹמֶר,
רַק עוֹף מֵעָל יַצְרִיחַ:
מִי הַמַּבִּיט בָּעֹמֶק?
יַד מִי מִלִּים רוֹשֶׁמֶת?
מִי לְנַפְשׁוֹ מֵסִיחַ
עַל שְׂפַת אֲגַם צְ'יוֹנְגְהַאי?

כָּאן סוּף לְסוּף יָשִׁיב,
תְּלַחֵשׁ צַמֶּרֶת תֹּמֶר:
הַגֹּבַהּ הוּא הָעֹמֶק –
וּבִמְצוּלַת הַדֹּמִי
תִּשְׁקֹט תִּשְׁכַּךְ כָּל רוּחַ.
כָּאן גַּם אֲנִי אָנוּחַ,
שׁוֹקֵעַ עִם הַשֶּׁמֶשׁ
בִּשְׁמֵי אֲגַם עֵינַי.

(סצ'ואן, 2016)

As I Remember

On a lonely shore I listen
endlessly to the reeds' murmur,
not a thought, not an uttered word,
only a bird above is screaming:
Who's watching the deep?
Whose hand is writing words?
Who's talking to his soul
here on Chionghai's shore?

Here one reed answers another,
and a palm's crown whispers:
height is depth –
and in the deep of silence
all spirits still, go quiet.
Here I too will rest,
setting with the sun
in the sky of the lakes of my eyes.

[Sichuan, 2012]

גלים

לְבַד אֲנִי יוֹשֵׁב, מֶלֶךְ שְׂפַת הַיָּם,
וְלֹא אִכְפַּת לִי כְּלוּם, גַּלִּים בְּקוֹל דָּכְיָם
שָׁרִים פֹּה לְפָנַי, וְאֶחָד שִׁירָם:
בָּא וְהוֹלֵךְ הַכֹּל, הַלְלוּיָם.

הוֹלֵךְ שִׁירָם וּבָא, חוֹלֵף אֲבָל קַיָּם –
רַק לוֹ מַקְשִׁיב לִבִּי: עוֹלֶה וְיָרֵד עוֹלָם.
לְאָן תָּאוּץ, שִׁירִי? שׁוּם גַּל אֵינוֹ נִשְׁלָם,
בָּא וְהוֹלֵךְ הַכֹּל, הַלְלוּיָם.

Waves

I sit alone, king of the shore,
and don't care about anything, waves murmur
their one song before me:
everything comes and goes; praise the sea.

Their song comes and goes, passing but present,
the only thing my heart hears: a world forever rising and falling.
Where are you off to, my song? No wave ever ends,
everything comes and goes; praise the sea.

Praise the Sea: In Hebrew, Hallelujam, resembling Hallelujah,
Praise the Lord.

הָנַח אֶת חֹסֶר הַמָּנוֹחַ שֶׁלְּךָ

www.ingramcontent.com/pod-product-compliance
Lightning Source LLC
LaVergne TN
LVHW041254080426
835510LV00009B/733
* 9 7 8 1 9 1 5 7 6 0 2 9 6 *